Mein Momentum

Für dich in mir

Stephan Werner

Mein Momentum

Gedichte

Bibliografische Information
der Deutschen Nationalbibliothek:
Die Deutsche Nationalbibliothek verzeichnet diese
Publikation in der Deutschen Nationalbibliografie;
detaillierte bibliografische Daten sind im Internet über
http://dnb.dnb.de abrufbar.

© 2017 Stephan Werner
Fotos: Stephan Werner
Herstellung und Verlag:
BoD – Books on Demand, Norderstedt
ISBN: 978-3-7412-9815-8

Inhaltsverzeichnis

Mein Moment um zu fragen	9
Mein Moment um zu sagen	11
Dein Baum	14
Orte der Stille	15
Du	19
Dichten	20
Sprachlos	21
Deine unverstandnen Worte	22
Ich brings zur Sprache	23
Kopflawinen	24
Wörterkinder	25
Meine Kinder	29
Geheimnis	30
Einen Augenblick lang	31
Es ist anders	32
Trauer	33
Verletzt	34
Verwandte Seelen	35
Könnte es sein	39
Deine Musik	40
Ich nehm dich mit	41
Leipzig	45
Starrsinn	47
Berlin	48
Halle	49
Hochanger im Jänner	50
Flaches Land	51
Wünsche	55
Geschichten zu Gedichten	59

Mein Moment

um

zu fragen

wofür Herzen noch schlagen
und viele sich plagen

warum Münder nicht klagen
und Menschen versagen

weshalb Köpfe nichts wagen
und Seelen verzagen

was dir Augen wohl sagen
und Worte nie tragen

Mein Moment

um

zu sagen

dass Herzen auch schlagen
für die, die sich plagen

dass Münder doch klagen
und Menschen nicht immer versagen

dass Köpfe schon wagen
und Seelen nur selten verzagen

dass Augen dich fragen
und Worte sind fähig zu tragen

Dein Baum

Soll ich dein Baum sein,
so lass mir meine Wurzeln
und nimm mir nicht die Luft zum Atmen.

Sieh nicht nur meine Triebe,
sondern auch die Narben meiner Haut.

Verpflanz nicht meine Seele,
das höhlt mich doch nur aus.

Orte der Stille

ungewohnt
unbewohnt

finden
binden

deine
meine

kraft
schafft

schwere
leere

mich
sich

erden
werden

leben
geben

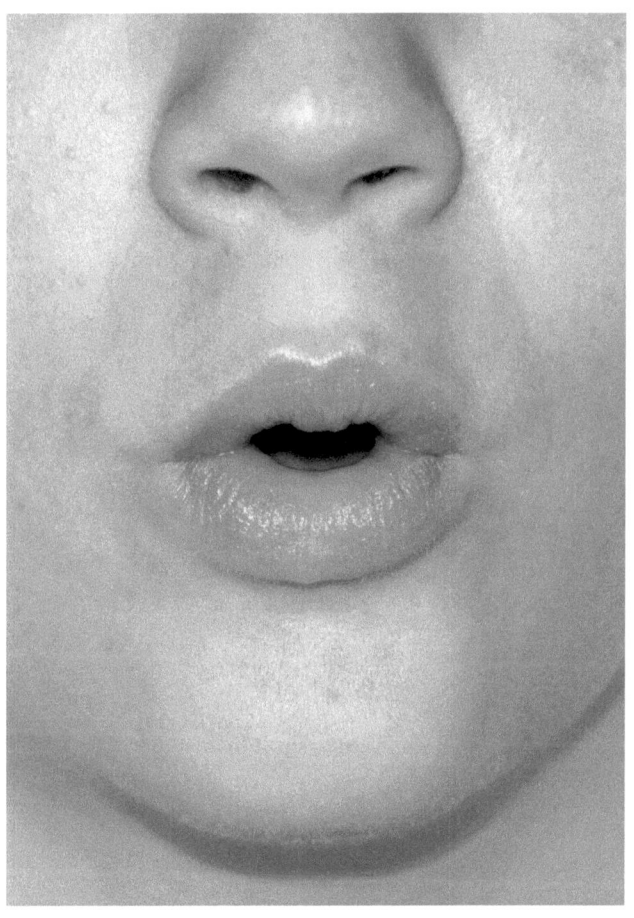

Du

Hast mich dazu gebracht,
dass ich wieder schreiben kann,
von Tag und Nacht
und meinem Irgendwo.
Von Träumen fern dem Übermorgen.
Von Gestern und von Irgendwann.
Von dem, was lebenslang verborgen,
fast, als wärs schon immer so.

Dichten

mitnichten nur

lichten
wichten
schlichten
richten

oder

verdichten
verrichten
verzichten
vernichten

sondern auch

Sichten
und
Pflichten

Sprachlos

doch

gibt es

nicht

wie auch

immer

es spricht

aus

was

unsagbar

kann sein

Deine unverstandnen Worte

Deine unverstandnen Worte
fließen aus
Spindeln voller Blut
und
brennenden Schmerzes
zerschnitten
zerrissen
entrissen
der Seele
unendlicher Raum
enden müssend
im Dickicht
unschuldig weißen Papieres

Ich brings zur Sprache

ich brings zur sprache
und nicht woanders hin

ich brings zur sprache
wenn ich spinn
und wenn ich lache
wenn ich träume, schreie, weine
auch wenn da worte keine
sagen, was ich meine

ich brings zur sprache
mit füßen und mit händen
von den anfängen zu den enden
und nicht woanders hin

mit lauten und mit leisen
tönen und mit weisen
tiefen und mit höhen
oder gar kein sinn

ich brings zur sprache
ob ich nun konnte oder wollte
ob es sein oder doch nicht sollte

ich brings zur sprache
und nicht woanders hin

Kopflawinen

Kopflawinen bis ins Herz
donnern seelentalabwärts,
reißen unbarmherzig mit,
was schon lang im Wege lag,
Ausflucht, Trug - ein Teufelsritt,
aber auch was schon zu blühen wagt,
wird verschüttet ungefragt.

Nach dem Donner dann das Schweigen,
und der Wunsch, es soll sich zeigen,
was noch übrig bleibt zum Leben.
Aus der Ohnmacht bricht ganz sacht
ein neuer Tag
und möcht alsbald zum Lichtschein streben.
Doch der Kopf, er liegt noch brach,
die Seele aber schlägt schon wieder schwach.

Wörterkinder

Verlange nicht, es auch noch zu erklären,
was ich selber nicht erfassen kann.
So als ob sie mir entbunden wären,
ziehen mich die Wörter in den Bann.

Sie befreien sich aus ihren Häuten
und fangen irgendwann zu atmen an.
Sie vielleicht nun noch zu deuten,
wär ihr Tod ganz sicher dann.

So lass mich los und gehen.
Versuche nicht, es zu verstehen.
Musst mir einfach nur gewähren,
neue Wörterkinder zu gebären.

Meine Kinder

Wieviel Kinder habe ich?

Wenn nicht diese Fragen wären,
jedes Mal ein Stich!
Welche Antwort gebe ich?
Zwei, doch drei, auch vier?
Müsst mich immer neu erklären:
Mehr als die, auf die ich stolz bin,
denn die andren zählen nicht.
Ohne Namen, ohne ein Gesicht,
kein Register hat sie je geführt,
sahen nicht das Sonnenlicht,
ihre Wärme nie gespürt,
gehn mir doch nicht aus dem Sinn.
Niemals miteinander Ball gespielt,
nie gestritten, nie gefühlt,
was wohl erste Liebe heißt
oder wie man in den Apfel beißt.
Keine heiße Stirn und keine roten Wangen,
sind zu spät gekommen
und zu früh gegangen.

Wieviel Kinder hab ich nun,
zwei, doch drei, auch vier?
Und wo seid ihr, wenn schon nicht im Hier?
In der Antwort, welche ich nicht gebe
oder in der Art, wie ich mit euch jetzt lebe?
Lasse euch nun ruhn,
aufgewühlt und tief in mir.

Geheimnis

Wir haben ein Geheimnis
Miteinander geteilt
Einen Augenblick lang
Für die Ewigkeit
Stärker als der Rest der Welt
Wie eine Festung
Gehalten und getragen
Einzigartig
Unberührbar
Und doch so zerbrechlich
Wie ein früher Vogel
Vom Wind entführt
Wohin ich nicht folgen kann
Und spüre doch den Flügelschlag
Wie ein sanfter Trost
Was es ist
Nie sein wird
Und dennoch war

Einen Augenblick lang

Gefürchtet
Erwünscht
Und begrüßt

Unerwartet
Gewollt
Und geplant

Gezweifelt
Gefreut
Und geteilt

Geträumt
Gelacht
Und geweint

Angenommen
Geschenkt
Und entrissen

Es ist anders

es ist anders

nichts ist

wie es war

bleibt es

doch nicht

nie

war es

immer

gleich

ist es anders

Trauer

trauer

gepaart

mit hoffnung

für neues

auf altem

aufbauend

unmöglich

zu vergessen

was war

und ist

bleibend

für alles

was wird sein

Verletzt

Schon lang bevor ich dich verletzte,
gabst du mir einen Stoß,
der mich ins Nichts versetzte.

Was für dich zweisam, dreisam,
machte mich einsam
und stellte meine Seele bloß.

Verwandte Seelen

Wenn wir eine Sprache sprächen,
wär es wirklich das,
wonach wir Sehnsucht hätten?
Wärn es wirklich die verwandten Seelen,
die sich immer lieben, niemals rächen?
Würden wir uns nicht zu nahe kommen,
wie zwei blind gewordne Sonnen?
Uns am Ende aus dem Feuer retten
und die Freiheit voneinander wählen?

Könnte es sein

Könnte es sein,
dass es dich nicht gab zuvor?
Und plötzlich tauchst du auf
wie ein Dezemberkind
vom zweiten Stern von links.
Ich saug dich ein
und lass mich fallen in den Sternenwind.
Immer wieder wie ein liebeskranker Tor.
Ich weiß nicht, wo ich landen werde,
wohin du mich am Morgen bringst.
Auf den zweiten Stern von rechts
oder doch nur wieder auf die Erde?
Sirenenhafter Klang
hinter Ebenholz und Elfenbein
hüllt mich ein und lässt mich stürzen,
weil ich spür,
dass du die Frau bist,
die mich niemals liebt.
Ich lass dich gehn
und behalt dich doch in mir,
weil es auch unter Narben Leben gibt.
Ja, es könnte sein.

Deine Musik

Außen sanft und innen laut
Verschachtelt und doch unverbaut
Volles Herz und leerer Kopf
Seele zieht sich aus am Schopf
Töne werden zu Gemälden
Wo vorher noch die Farben fehlten
Alles und auch Nichts
Bedienen sich des Lichts
Das aus einer Tiefe steigt
Wo sich schon der Abend neigt

Ich nehm dich mit

Ich nehm dich mit
als Bodyguard für meine Schwüre,
bevor ich mich verliere
oder stürz in eine Nacht,
die mich dir nicht näherbringt.
Wie einer, der am Ende dann nicht springt,
weil er über seine Ängste wacht.

Ich nehm dich mit
an die Abgründe meiner Seele,
die ich letztlich doch nicht wähle.
An die Scheidewege meines Lebens,
die zu oft nur Rastplatz waren,
voller Angst, einfach loszufahren
und es wäre alles doch vergebens.

Ich nehm dich mit
als Wächter meiner Wege,
dass sich der Sturm nun endlich lege
und ich Ruhe finde
in deinen Armen und nicht irgendwo.
In einer Nacht ohne Meineid und K.o.
ich mit Dir mich neu verbinde.

Leipzig

Deine stillen Helden
kamen einst aus Nischen, über Mauern.
Auch wenns Spitzel sollten melden,
nichts kann ewig dauern,
einmal muss es sein,
schenkten ein den reinen Wein.

Wo nur sind denn deine Helden hin?
Aus den Augen, aus dem Sinn?

Als sie ihre Ängste überwanden
und aus Lichterdomen traten,
sie vor tausend Schilden standen
und die Krieger dann um Frieden baten,
brach das Eis von vierzig Jahren,
Totgesagte stiegen von den Bahren.

Wo nur sind denn deine Helden hin?
Aus den Augen, aus dem Sinn?

Füllten Plätze, zogen ihre Runde,
Ecken waren jetzt kein Bollwerk mehr.
Unbeeindruckt vom Gekläff der Hunde
setzen sie mit Kerzen sich zur Wehr.
Laut und friedlich im Gebet vereint,
dass keine Mutter mehr, ihren Sohn beweint

Wo nur sind denn deine Helden hin?
Aus den Augen, aus dem Sinn?

Leipzig, deine Helden werden
nie vergessen und nicht sterben,
wenn Gerechte hier auf Erden
aufstehn, um zu erben,
was im Herbst der Frühling war,
als die Angst den Mut gebar.

STArrSInn

In den Klauen, in den Fängen,
schließt sich hinter dir das Tor.
Noch herrscht Ruhe vor dem Sturm,
kein Laut mehr von den Gängen.
Kalt lächelnd ruht der See,
kehrt erst spät sein wahr Gesicht hervor.
Windest dich verzweifelt wie ein Wurm,
suchst den Fluchtweg übern Schnee,
strauchelnd, jetzt schon Eis.
Mauern. Und die Seele bricht,
sie versinkt, was keiner weiß
in Worten starr vom Hammerschlag.
Steigt befreit dann doch empor
aus der Nacht ein neuer Tag.
Weil der Mut den Sinn beschwor,
scheint der See in neuem Licht.

Berlin

du ungebändigte
vielseitige
du zarte
laute
leise
du geteilte
und vereinte
du verletzte
und geheilte
du braune
und verführte
du rote
grüne
graue
neonstrahlende
du verrückte
und entzückte
du ferne
nahe
du geliebte
geheimnisvolle
und einzigartige
Stadt meiner ersten Nacht

Halle

Deine Türme strecken
sich wie eine Hand gen Himmel,
warten auf ein Zeichen,
während unten im Gewimmel
Menschen deine Wunden lecken.

Alter Staub auf deinen Mauern,
rote Flecken auf den Plätzen,
all dies soll jetzt weichen,
dass Visionen sich vernetzen,
darf nun nicht mehr länger dauern.

Wie einst Fischer und die Sieder
hofften an dem grau sich windend Band,
muss es nun für länger reichen,
dass der Mensch an hellem Strand
dein wahres Salz in allem Auf und Nieder.

Hochanger im Jänner

Kalter, heißer Schnee
Brennender, schneidender Wind
Horizonte, die ahnen lassen
Ein Auf und Ab
Ziehen und Fallen
In dunklen Augen
Ein heller, scheuer Glanz
Zeit, die hinabfliegt ins Tal

Flaches Land

Flaches Land und ewig weit,
der Wind zerreibt sich in den Speichen,
zaubert Melodien voller Leichtigkeit,
ein Spiel, den Pfützen auszuweichen.

Ich flieg dahin, zerzaustes Haar,
so könnt es immer weitergehn,
die Sonne macht sich rar,
ist Zeit zum Untergehn.

Lande hinter Dünensand,
Wellen wie ein Flügelschlag
wischen weg das rote Band
als letzten Gruß vom Tag.

Wünsche

Was ich Euch nicht versprechen kann,
ist Frieden auf Erden.
Was ich Euch aber wünschen kann,
ist Liebe im Herzen.

Was ich Euch nicht versprechen kann,
ist ewige Gesundheit.
Was ich Euch aber wünschen kann,
ist Geduld und Zuversicht.

Was ich Euch nicht versprechen kann,
ist ein Leben ohne Angst.
Was ich Euch aber wünschen kann,
ist einen Freund an Eurer Seite.

Was ich Euch nicht versprechen kann,
ist nur Sonne und Licht.
Was ich Euch aber wünschen kann,
ist eine Hand in der Dunkelheit.

Was ich Euch nicht versprechen kann,
ist immerwährender Durchblick.
Was ich Euch aber wünschen kann,
ist das Staunen eines Kindes.

Was ich Euch nicht versprechen kann,
ist ein Wunder.
Was ich Euch aber wünschen kann,
ist der Glaube daran.

Was ich Euch nicht versprechen kann,
ist ständige Gewissheit.
Was ich Euch aber wünschen kann,
ist das Geheimnis von Weihnachten.

Geschichten zu Gedichten

„Orte der Stille" (S. 15): Solch einen Ort, Gottesort, fand ich in Sveta Foška nahe Vodnjan in Kroatien. Eine Wallfahrtskirche, die bereits im 7. Jahrhundert an einem Kraftort entstand, abgeschieden mitten in der Landschaft an einer alten Römerstraße. Wieder (m)ein Moment, um sich zu finden...

„Du" (S. 19): Dass ich immer wieder zur Feder greife, liegt auch an vielen deutschsprachigen Liedern, die unter die Haut gehen und „Kopflawinen" (S. 24) auslösen können. In der DDR haben diese Songs mit ihren Botschaften zwischen den Zeilen den Mut zum (Über-) Leben gestärkt. Aber auch heute gibt es immer noch tiefgehende und ehrliche Lieder, die dich durch die Nacht bringen und in den Tag begleiten.

„Ich brings zur Sprache" (S. 23): Ein freundlicher Geist hat mir einen Zettel mit diesem Spruch an die Tür meiner Arbeitsstelle geheftet. Das hat mir so gefallen, dass ich daraus ein Gedicht gemacht habe.

„Meine Kinder" (S. 29): Am 28.10.2016 singt Ina Müller in einer NDR-Talkshow zum ersten Mal ihr Lied „Wie du wohl wärst". Ich spüre, das ist „unser" Lied. Noch um Mitternacht schreibe ich dieses Gedicht. Es gehört inhaltlich zu „Geheimnis" (S. 30) und „Einen Augenblick lang"(S. 31). Geschrieben als Reaktion auf den Tod unserer „Sternenkinder", die in einem frühen Stadium guter Hoffnung von uns gingen.

Das Thema Abschied nehmen findet sich auch in „Es ist anders (S. 32) und „Trauer" (S. 33) wieder. Ich schrieb ganz spontan diese Texte, als ein Freund mir eröffnete, sich nach über 25 Jahren Ehe von seiner Frau getrennt zu haben. Gelten aber auch für andere Momente der Trauer...

„Könnte es sein" (S. 39): Ist Alexa Feser gewidmet. Der Text ist voller Bezüge zu ihren wunderbaren Liedern. Auch in anderen Gedichten steckt viel von einem Dezemberkind, wie ich es bin. „Dezemberkind" ist ein Titel ihrer CD „Gold von morgen".

„Leipzig" (S. 45): Der 9. Oktober 1989 war nicht nur eine, sondern d i e Zäsur in meinem Leben. In der tiefen Dankbarkeit dabei gewesen zu sein, habe ich diese Hymne geschrieben. Wenn heute unser Ruf von damals von anderen missbraucht wird, dann wünsche ich mir manchmal wieder stille Helden, die aus ihren Nischen hervortreten und rufen: „Wir sind das Volk!" Anmerkung: „... dass keine Mutter mehr ihren Sohn beweint" ist ein Zitat aus der DDR-Nationalhymne, deren Text verboten war.

„Starrsinn" (S. 47) erzählt vom Irrsinn des Stasi-Überwachungs- und Repressionsapparates. Am Ende hat aber Gott sei Dank nicht die Angst, sondern der Mut gesiegt.

„Berlin" (S. 48) Diese Stadt ist faszinierend. Vor allem, wenn man beide Teile bis zum Mauerfall erlebt bzw. vor Augen hat. Mit diesem Hintergrund ist und bleibt Berlin einzigartig.

„Halle" (S. 49), die alte Salzstadt „an der Saale hellem Strande", ist auch meine Geburts- und Heimatstadt. In der DDR zum Verfall verurteilt, entwickelt sie heute eine eigene Schönheit. Dafür braucht es aber Raum für freie Menschen mit Visionen. Sie sind das wahre Salz der Erde.

„Hochanger im Jänner" (S. 50) ist ein Text zu meiner neuen Heimat und wurde vor über 20 Jahren geschrieben und betrifft Dich. Du weißt, dass nur Du gemeint bist...

„Flaches Land" (S. 51) beschreibt meine andere große Liebe zu wunderschönen Landschaften hoch im Norden und Nordwesten. Das flache Land, wo Augen sich „freisehen" können, wo sich immer Wind in den Fahrradspeichen fängt.

„Wünsche" (S. 55) schrieb ich eigentlich für eine Patienten-Weihnachtsfeier. Sie gelten aber auch für alle, die dieses Buch in die Hand genommen haben oder in irgendeiner Weise mit mir verbunden sind. Danke.